EN MI HOGAR CREEMOS

Por
Odessa Stevens

Ilustración por
Andrea Moore

Traducido por
Juan Bolaños

Dedicado a todos los niños de todo el mundo:

Eres valiente.

Eres importante.

Eres especial.

Eres amado.

Puedes hacer cosas difíciles.

!Eres increíble!

Muchos cambios están ocurriendo en el mundo de hoy. Soy parte de ese cambio. Mi familia es parte de ese cambio. Si bien muchas cosas se ven y se sienten diferentes, las creencias en mi corazón y en el de mi familia siguen creciendo.

LAS VIDAS DE LAS PERSONAS
DE COLOR IMPORTAN

Las personas de color son seres humanos, hermanos y hermanas en la raza humana. Son hijos e hijas de Dios. Son amados, importantes, valientes e inteligentes. Son una parte valiosa de nuestra comunidad. No importa el color de la piel de una persona, también tienen derecho a todas las libertades incluyendo el derecho a sentirse seguro en sus hogares, en sus vecindarios, en sus patios de recreo, en sus escuelas, en sus iglesias y en su trabajo.

LOS DERECHOS DE LAS MUJERES SON PARTE DE LOS DERECHOS HUMANOS

WASHINGTON

VOTE FOR WOMEN

VOTES

I WISH I COULD VOTE

Las mujeres en mi vida son fuertes, compasivas y decididas. Son hermosas y especiales pare mí. Sus objetivos y sueños imparables están hacienda del mundo un lugar mejor. Son capaces de tener control de tomar las mejores decisiones para sus propios cuerpos, mentes y corazones. Las mujeres también deberían tener derecho a la igualdad en todo tipo de oportunidades de éxito.

NINGÚN SER HUMANO ES ILEGAL

Todo ser humano merece ser amado y bienvenido. Algunos de nosotros nacimos en lugar que se han vuelto demasiado peligrosos para vivir y llamar hogar. Cruzan océanos y tierras para encontrar un lugar de seguridad, paz y aceptación. Mi familia y yo les damos la bienvenida a nuestro vecindario porque es lo suficientemente grande para todos. También deberían tener derecho a llamarlo su hogar.

LA CIENCIA ES REAL

Todos compartimos un lugar en común- la Madre Tierra. Ella es el hogar de todas las plantas, flores, insectos, animales y humanos. Los científicos recopilan información sobre la Madre Tierra para ayudarnos a conocer los cambios que deben suceder para mantenerla sana. Cuando ella está sana, todo y todos pueden estar sanos. Los científicos deberían tener derecho a compartir esta importante información para que podamos hacer nuestra parte para mantener sus cielos azules, sus océanos limpios y sus ecosistemas en armonía.

EL AGUA ES VIDA

DO NOT DRINK

Los humanos usan agua para beber, cocinar, mantenerse limpios y jugar. Los animales usan agua para beber, mantenerse limpios, jugar y para algunos, incluso es su hogar. No toda el agua está limpia y saludable. Algunos humanos y animales viven demasiado lejos del agua limpia, por lo que deben usar agua sucia que pueden enfermarlos. Todo ser humano y animal debe tener derecho a usar agua limpia en cualquier momento que la necesite.

FRESH WATER
5 MILES

EL AMOR ES AMOR

El amor es una de las emociones humanas más preciadas que se encuentran en todo el mundo. No tiene precio. El amor puede tener significados tan diferentes para las personas de todo el mundo. Nos conecta entre sí, cerca y lejos. Todos deberían tener derecho a SENTIRSE amados, a SER amados y a MOSTRAR amor, como quiera y con quien quieran, mientras siguan su corazón.

LA BONDAD
LO ES TODO

La Bondad es difundir tu luz
de amor, alegría y amabilidad
a todos los que te rodean.
Incluso los actos de bondad
más pequeños pueden
traer los mayores cambios
extraordinarios. Las personas
más felices son las que
aman y cuidan a los demás.
Todos tenemos el derecho
de hacer del mundo un lugar
mejor siendo amables.

19

EN MI HOGAR CREEMOS ...

LAS VIDAS DE LAS PERSONAS DE COLOR IMPORTAN.

**LOS DERECHOS DE LAS MUJERES SON
PARTE DE LOS DERECHOS HUMANOS.**

NINGÚN SER HUMANO ES ILEGAL.

LA CIENCIA ES REAL.

EL AGUA ES VIDA.

EL AMOR ES AMOR.

LA BONDAD LO ES TODO.

BIGS HUGS TO EVERYONE WHO MADE THIS BOOK POSSIBLE.

In My Home We Believe
ISBN: 978-0-578-99083-5 (paperback)
Text Copyright © by Odessa Stevens
Illustrations Copyright © by Andrea Moore

Credits
Written by: Odessa Stevens
Illustrated by: Andrea Moore
Translated by: Juan Bolaños
Illustration ideas by: Natalie Nash
Formatting and Editorial Assistance by: Jason and Vidya of ebookpbook